一起成为小小数学家吧！

探索成员 1：小翼

长着一头自来卷的小翼热爱数学、喜欢钻研，是同学们公认的学霸，被大家亲切地称为"小牛顿"。

探索成员 2：茜茜

活泼可爱、勤奋好学的茜茜是"小牛顿"的同班同学，她记录了每次的数学探索项目。

探索成员 3：小鹦鹉

聪明机智、爱提问题的小鹦鹉是探索小组唯一会飞的成员，也是探索小组的观察能手！

探索成员 4：大猫

憨厚幽默，思路灵活，大猫在关键时刻常常表现出众，给探索小组带来了不少欢乐。

厉害了！我的数学

为什么是三角形

曲少云/文　李卓颖/图

中国和平出版社
China Peace Publishing House

图书在版编目（CIP）数据

为什么是三角形 / 曲少云文；李卓颖图 . –– 北京：
中国和平出版社，2023.4
（厉害了！我的数学）
ISBN 978-7-5137-2388-6

Ⅰ . ①为… Ⅱ . ①曲… ②李… Ⅲ . ①数学 – 儿童读
物 Ⅳ . ① O1-49

中国版本图书馆 CIP 数据核字 (2022) 第 147901 号

厉害了！我的数学

为什么是三角形　　　曲少云/文　李卓颖/图

策　　划	代新梅		经　　销	全国各地书店
责任编辑	代新梅			
美术编辑	弯　弯		开　　本	880mm×1230mm　1/20
责任印务	魏国荣		印　　张	2
出版发行	中国和平出版社（北京市海淀区花园路		字　　数	30 千字
	甲 13 号院 7 号楼 10 层　100088）			
	www.hpbook.com　　bookhp@163.com		版　　次	2023 年 4 月第 1 版　2023 年 4 月第 1 次印刷
发 行 部	（010）82093832　　82093801（传真）		书　　号	ISBN 978-7-5137-2388-6
出 版 人	林　云		定　　价	22.00 元

越简单的事物往往越容易被忽视。就像三角形，你一定觉得它非常简单。下面的图中，哪个是三角形呢？

只有两个是三角形。你答对了吗？当一个平面图形满足下面的条件，它才是三角形。

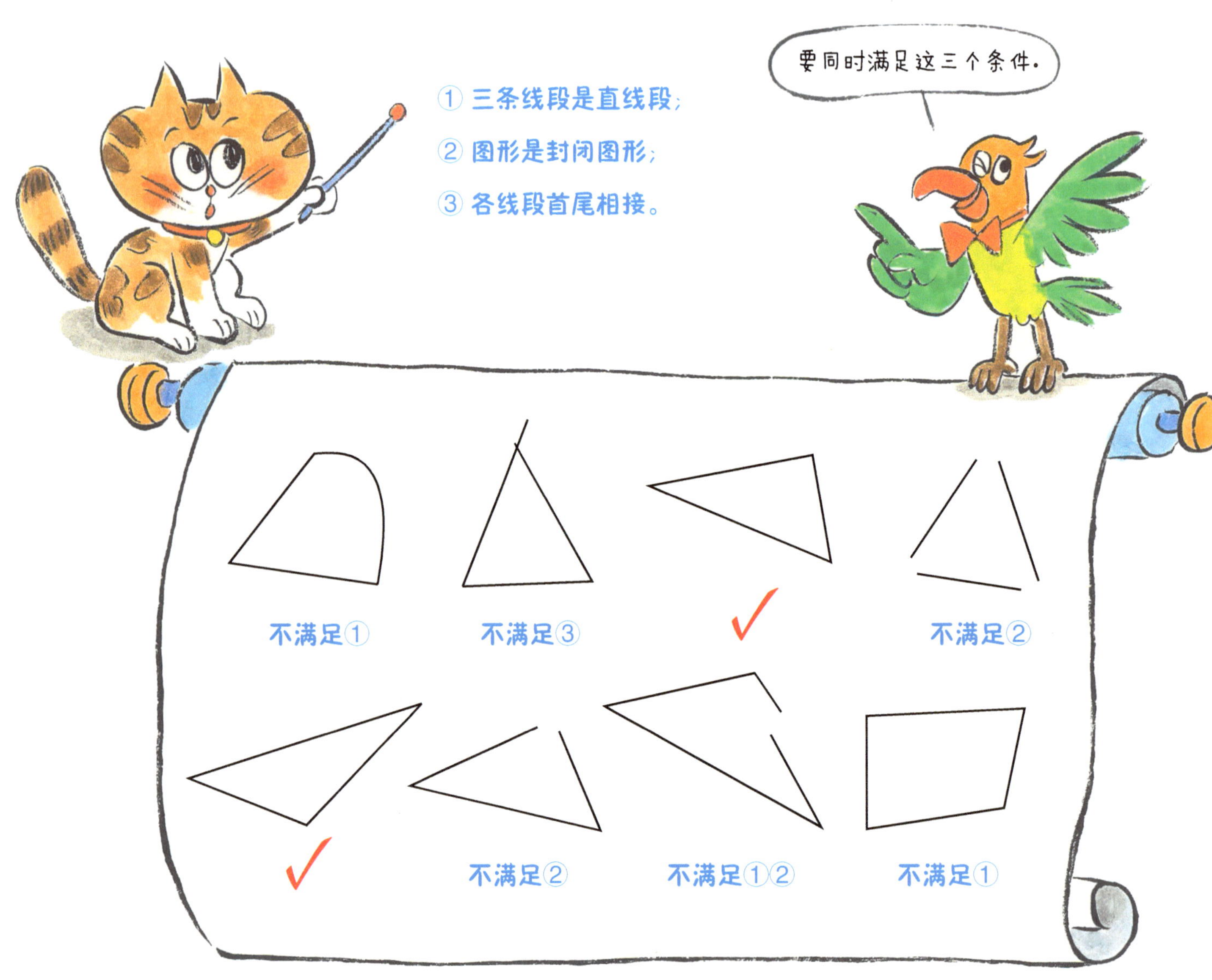

如果用三条纸板拼一个三角形。下面的三组纸板，哪一组可以拼成三角形呢？

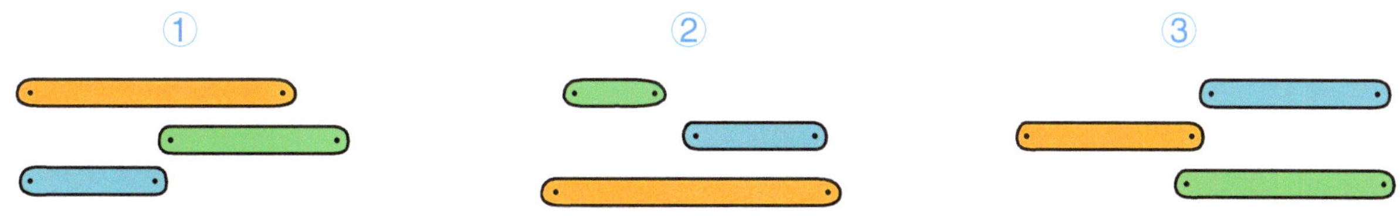

去拼图板取出对应的纸板，拼一拼吧！

你发现了吗？任意两条纸板的长度合起来总比第三根长，才能拼成三角形！

任意画一个三角形，"两边之和大于第三边"这个条件都满足。

________ + ________ > ________   ________ + ________ > ________

在生活中，你一定遇到过下面的问题：从家出发到学校，要如何走才能使路程最短呢？

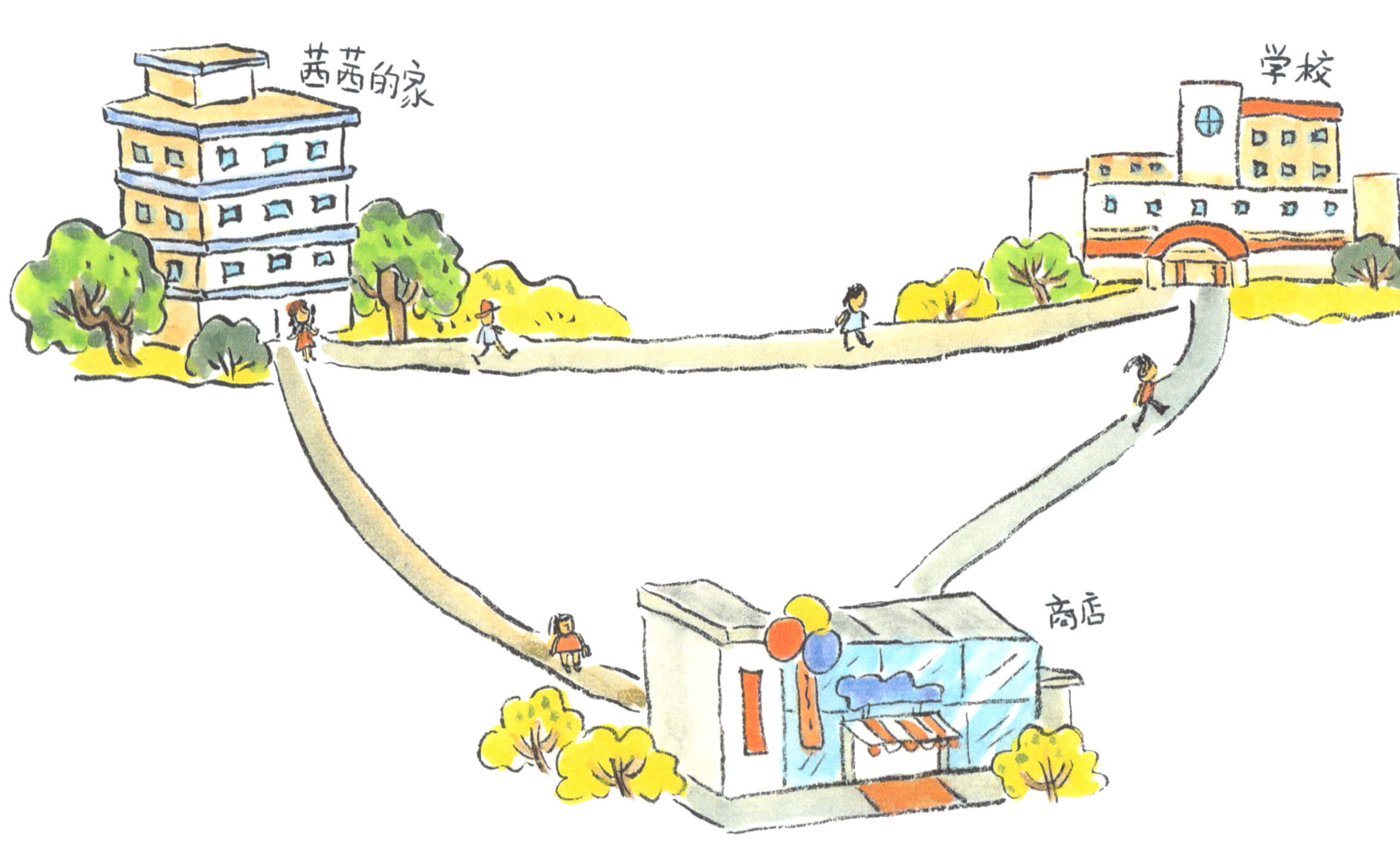

我们可以把茜茜的家设想为A，学校设想为B，商店设想为C。茜茜的两条路线恰好构成三角形ABC。从A到B是第1条路线；从A到C，再到B，是第2条路线。

大自然给了三角形很高的地位，我们到处可以见到那些形似三角形的事物。大到高高的山脉、三角洲冲击地貌；中到挺拔的松树；小到蜘蛛网上的三角形纹路以及用树枝搭建的鸟巢。

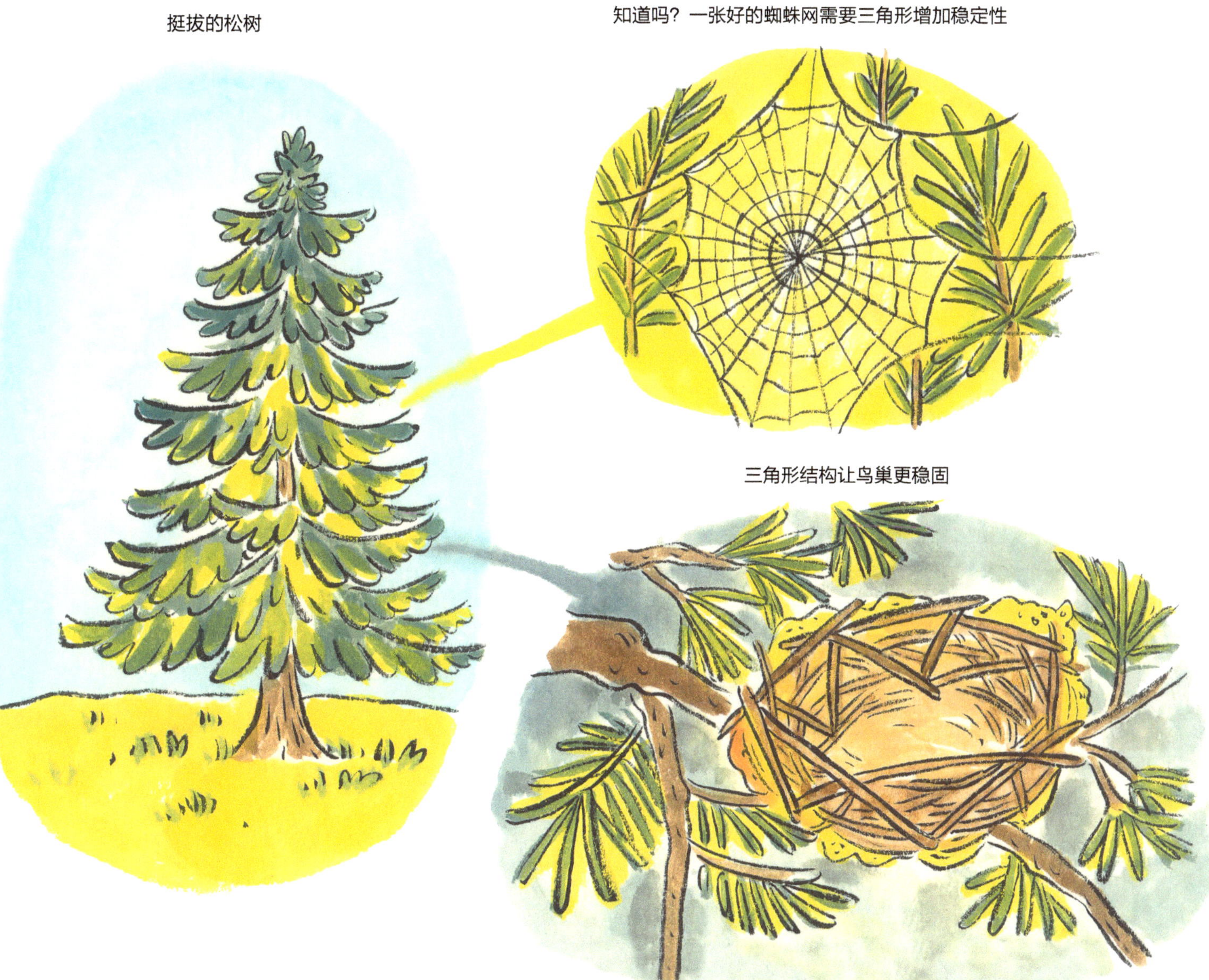

挺拔的松树
知道吗？一张好的蜘蛛网需要三角形增加稳定性
三角形结构让鸟巢更稳固

很早以前，人们就发现了三角形稳固的优点，并把这个优点应用到很多地方。

现在，只要稍加留意，我们就会在周围找到人工设计的三角形。

为什么是三角形呢？将拼图板上三角形的三条边加上固定点，揭开其中的奥秘吧！

你发现了什么?

拼一个四边形会怎么样呢？

扫码看讲解

① 去拼图板上找到四边形的四条边；
② 取下四边形的四条边，用四个固定点固定；
③ 拼装成四边形。

每一组固定的边长，能拼出很多不同外形的四边形。

　　和四边形相比，三角形稳定的优势让它脱颖而出。看看这座大桥中有多少个三角形吧，现在你一定清楚为什么是三角形了。

三角形：唯一、牢固 ⟶ 稳定性
四边形：不唯一、易变 ⟶ 不稳定

众多的三角形让著名建筑"金门大桥"的结构极为稳固，能够抵御潮水的巨大冲击，同时承载往来繁忙的车辆。

　　三角形稳定的特性，最常用在建筑行业。正是每一栋房子里隐藏的三角形，让房子牢固、稳定。

19

　　建筑物中，要特别说一说直角三角形。建筑工人正是用其中的直角，确保墙面和地面垂直、屋顶坚固稳当。

确定树的高度，直角三角形也扮演着不可缺少的角色。

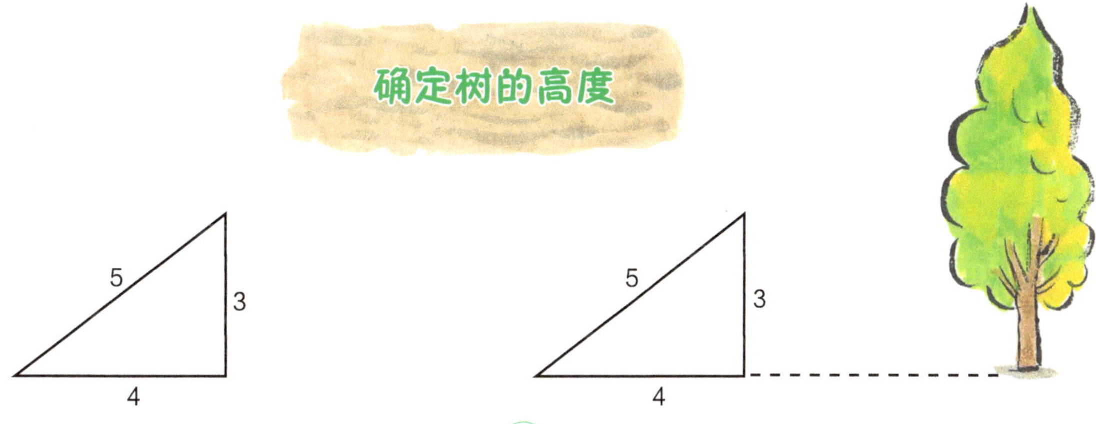

① 首先，找边长为 3、4、5 的直角三角板。

② 像图中这样，把直角三角板垂直于地面放置。

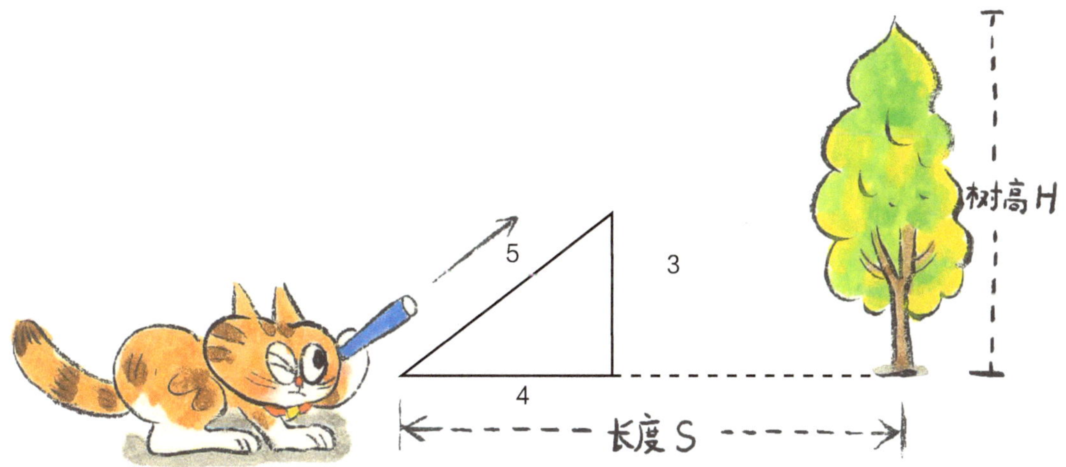

③ 调整三角板与树的距离，当顺着边长为 5 的那条边恰好可以看到树的顶点时，固定三角板。

测量出长度 S。根据等式 4：3 = S：H，求出树高 H。

假如 S = 40，H = ______

答案见文末。

你可能觉得，从正方形中随意切下一块，很容易得到一个直角三角形。然而，最早的正方形却只能从直角三角形得到。

金字塔的底座需要一个正方形，建筑工人们拉直四条等长的绳子。

拉直这组长度为 3、4、5 的结绳，并固定三个顶点组成一个直角三角形。

像上面这样，顺着"直角"重新拉直四条等长的绳子。
这个四边形就是正方形了。

　　直角三角形和正方形还有一个更著名的关系。任意画一个直角三角形，并从3条边分别画3个正方形。像这样：

耐心数一数，你会发现：直角边上的两个正方形的面积，恰好等于大正方形的面积！

要是让直角三角形结合圆，就更好玩了！看到直角正对的那条边了吗？如果以它的中点为圆心，这条边的一半长为半径画圆，这个三角形的三个顶点准能同时落在圆上！

而且，无论怎样变化直角三角形，这种完美的图形关系永远存在。

　　除了直角三角形，常见的还有等腰三角形。它既能让房梁抗压坚固，也符合人们对称的审美标准。

如果用一张图来描述三角形家族之间的关系，那么这个图再适合不过了。

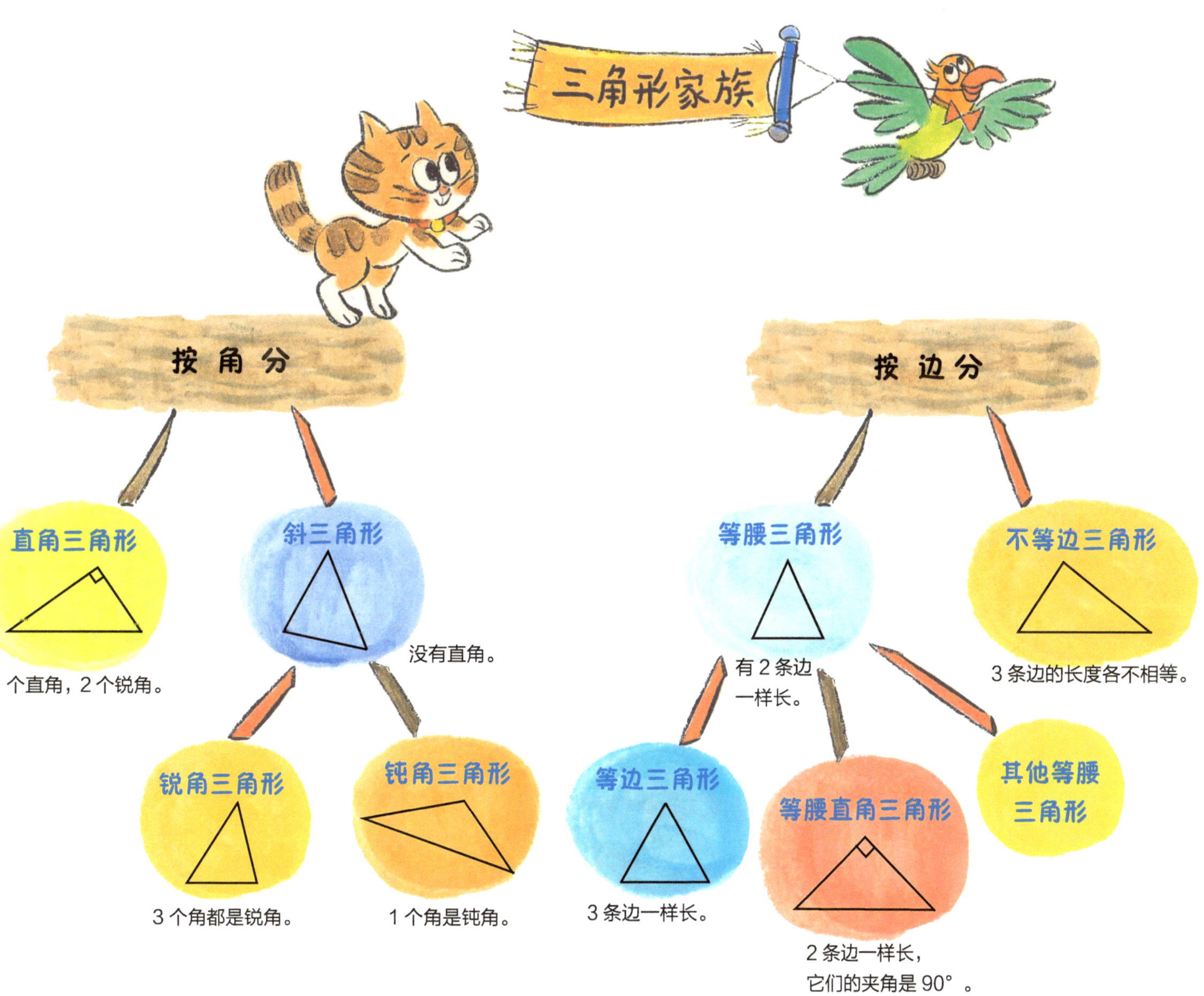

森林鸟校就要开学啦！每一件木质物品都要稳稳当当！

帮帮检验鸟，给稳当的物件贴上"合格"标签；给不稳当的物件贴上"修补"标签，并画出修补线。

答案见文末。

第21页：30。

第31页：动物们用木楔子拼装的四边形会变形，有了三角形才稳当，所以可以利用三角形的稳定性检查和修补。

现实中，许多很稳固的物品因材质不同，可能没有明显的三角形外观，这不是它们不需要三角形来稳固，而是三角形已经存在于这些物品更微观的结构中。

什么是勾股定理?

　　勾股定理描述这样一个结论：在直角三角形中，大正方形的面积，等于两个小正方形的面积之和。这条定理在数学上太重要啦！正是有了它，人们才首次真正将数和图形结合起来，人们也第一次认识了 $\sqrt{2}$ 这样的数，还因此发展出了重要的数学思想——数形结合。

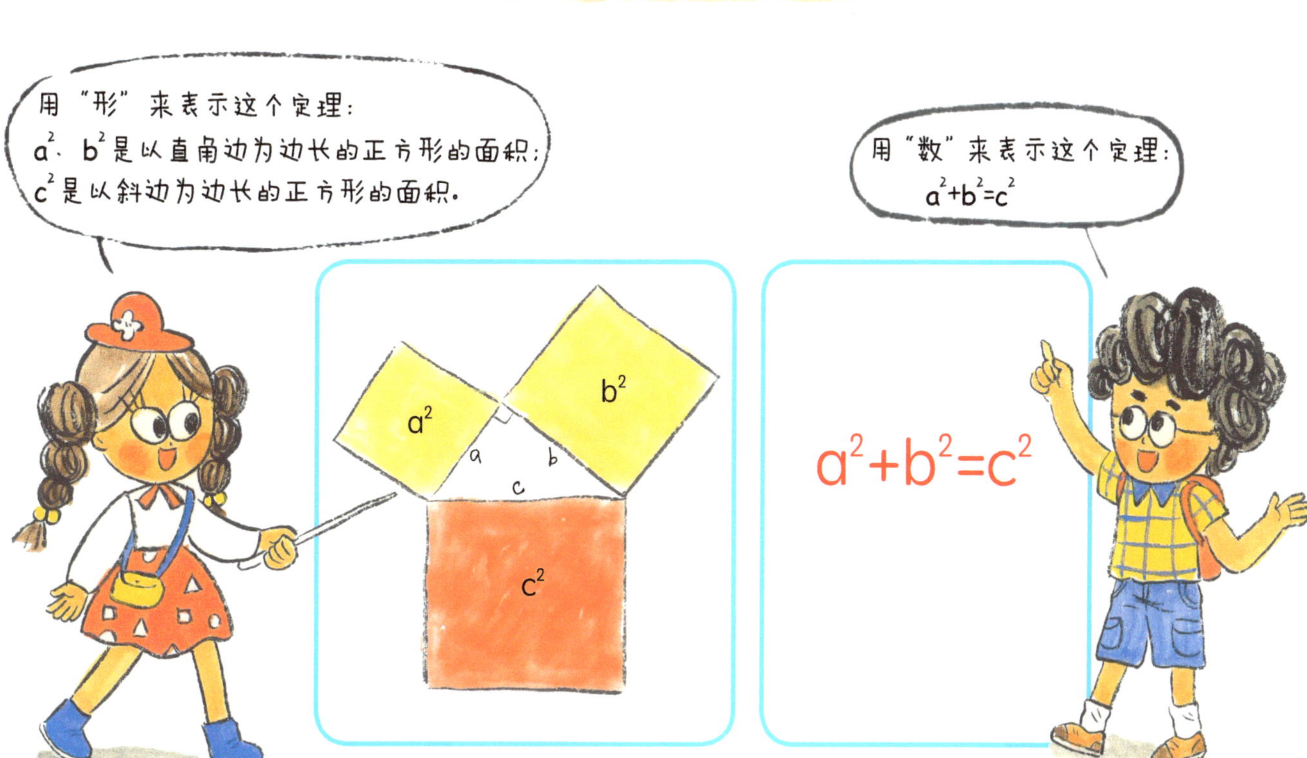

"厉害了！我的数学" 系列科普图画书

- 《数的起源》
- 《自然数、整数、0》
- 《时间的历史》
- 《口算通关法》
- 《等号和加减乘除》

- 《辨识空间方位》
- 《为什么是三角形》
- 《四边形的奥秘》
- 《正方体》
- 《分类和找规律》

作者简介

曲少云/文

数学科普教育专家，教育心理硕士，拥有20余年数学教龄，对中国孩子的数学学习和发展轨迹了如指掌，能够系统、科学地指导孩子进行数学学习和训练。著有系列畅销书"今晚七点半，数学妈妈的游戏课""奇妙的数学游戏书"等，累计销量超过100万册。线上课程"如何开发孩子的数学潜力""数学启蒙，父母是最好的老师"广受老师、家长赞誉。

李卓颖/图

绘本创作者，动画专业硕士，毕业于广州美术学院及荷兰圣优斯特艺术学院。

作品有《公主怎么挖鼻屎》《溜达鸡》《从前有个筋斗云》《两个小妖精抓住一个老和尚》。作品曾获第二届"信谊图画书奖"，第二届小凉帽国际绘本奖优秀作品奖，2016年深圳读书月"年度十大童书"。《从前有个筋斗云》入选第十三届全国美展，入选教育部推荐书目。

www.ingramcontent.com/pod-product-compliance
Lightning Source LLC
LaVergne TN
LVHW071612180726
843512LV00003B/625